Die Seele baumeln lassen

Achtsamkeit lernen, alte Gewohnheiten ändern und endlich innere Ruhe finden

HeluHelu Publishing

1. Auflage

ISBN: 9781723863271

INHALT

KAPITEL 1
EINLEITUNG

Gehören Sie auch zu den Menschen, die sich in der heutigen Zeit des schnellen Wandels oft oder dauerhaft gestresst und ausgelaugt fühlen? Diese neumoderne Erschöpfung schlägt sich auf seelischer und psychischer Ebene nieder. Viele Volkskrankheiten, zu denen unter anderem Schlaf- und Konzentrationsstörungen, Depressionen, Burnout und auch Essstörungen gehören, beruhen auf der Tatsache, dass der Mensch sich selbst gegenüber nicht achtsam war. Jeder Mensch reagiert anders auf seine Umwelt. Doch nur die Wenigsten haben verstanden, dass das Alles mit seiner eigenen Achtsamkeit zusammenhängt. Wir sprechen hier über die Fähigkeit, sich auf eine einzige Sache zu beschränken und diese vollumfänglich abzuhandeln.

Tagtäglich werden wir mit vielen Sinnesreizen und Aufgaben konfrontiert, die unser Gehirn verarbeiten muss. Leider besitzen die meisten von uns nur eine niedrige Toleranzschwelle, die es uns verwehrt, rechtzeitig sein Augenmerk auf das Wesentliche zu lenken beziehungsweise zu beschränken. In den meisten Fällen „funktionieren" wir lediglich und kümmern uns zugleich um viel zu viele Ablenkungen. Wir leben, oder besser ausgedrückt, wir irren im „Autopiloten" durch das Leben.

Unsere Handlungen beruhen auf ein altes Verhaltensmuster, welches wir uns jahrelang angeeignet haben. Andere würden sagen, dass es zum Beispiel im Büro eine reine „Arbeitserhaltungsmaßnahme" ist oder, dass diese „Multitaskingfähigkeit" im Privat- und Berufsleben von vorneherein ein unabdingbares Muss ist. Im schlimmsten Fall denken Sie, dass diese Aussagen auch auf Ihre Situation zutreffen. Doch, ganz ehrlich:

Was bringen Sie für eine Leistung, wenn Sie langsam, aber stetig abbauen? Wer wird es Ihnen danken, wenn Sie aus gesundheitlichen Gründen die Arbeit aufgeben müssten? Wer wird Ihre Position übernehmen und werden Sie die Chance haben, diese wieder einzunehmen? Was für Absichten könnten Eltern haben, die ihre Kinder vernachlässigen, weil sie schlichtweg ausgebrannt sind? Ganz gleich, ob wir diese Vergleiche werten oder revidieren möchten: Fakt ist, dass insbesondere in hektischen Situationen einen kühlen Kopf zu bewahren und obendrein die richtige Entscheidung zu treffen, ein Resultat regelmäßiger Übung ist. Sie halten nicht ohne Grund diesen Ratgeber in Ihren Händen; daher wissen Sie, dass Ihre alten Verhaltensmuster „neu überspielt" werden müssen.

Der Mensch tut sich schwer, sich selbst die nötige (und wohlwollende) Achtsamkeit zu schenken. Mit diesem kompakten Wissen, werde ich Ihnen zahlreichen Tipps und Übungen nennen, die Ihnen helfen, um „bei sich" bleiben zu können. Wenn Sie möchten, kann ich Sie mit meiner größten Hingabe zu einem herangehenden Experten auf diesem Gebiet machen. Kein Meister ist vom Himmel gefallen! Sie haben jetzt die Chance, einen neuen Weg mit mehr Ruhe und Gelassenheit einzuschlagen. Es ist nie zu spät, um an sich zu arbeiten. Wichtig ist nur, dass Sie Ihren Wunsch nach Veränderung verinnerlicht haben und konsequent an einer Besserung arbeiten wollen. Gemeinsam können wir innerhalb kürzester Zeit ein neues Kapitel in Ihrem Leben aufschlagen. Seien Sie gespannt und vor allem: *Seien Sie achtsam!*

KAPITEL 2
WAS IST ACHTSAMKEIT?

Oftmals werden die Begrifflichkeiten wie „Aufmerksamkeit“, „Konzentration“ und „Achtsamkeit“ über einen Kamm geschert. Damit wären wir wieder beim Ausgangspunkt des ganzen Übels. Es ist ein großes Problem, wenn Sie durch Unachtsamkeit die kleinen, aber feinen Unterschiede Ihres eigenen Geistes oder Ihrer Umwelt nicht verstehen. Diese empfundenen Halbwahrheiten zeichnen in der Regel Ihr ganzes Leben. Sie ganz persönlich blockieren sich und den möglichen, natürlichen Fluss Ihrer Gedanken. Die Folgen sind zahlreiche Wahrheiten, die nur für Sie gelten. Der Grund dafür ist, dass meistens zu schnell gewertet und geurteilt wird. Ich erkläre Ihnen die wichtigsten Zusammenhänge.

Aufmerksamkeit – Der erste Schritt zur Achtsamkeit

Ihre Aufmerksamkeit ist Ihre beschränkte, gebündelte Wahrnehmung auf verschiedene Reize, wie zum Beispiel auf Ihre Umwelt oder Ihr eigenes Verhalten. So kann Ihre Aufmerksamkeit für viele verschiedene Themen des Lebens gelten. Dazu zählen Ereignisse, aber auch Gedanken, Gefühle und Ihre Handlungen (beispielsweise das Autofahren).

Bei diesen Reizen, muss sich das Gehirn für eine Selektion, also für eine bestimmte Auswahl an Informationen entscheiden. Diese Infos werden unserem Bewusstsein zugänglich gemacht. Daraus resultieren unser Denken und anschließend auch unser Handeln. Im Umkehrschluss bedeutet diese „Entscheidung", dass deutlich mehr um uns herum geschieht, als wir wahrnehmen. Unsere Aufmerksamkeitsprozesse bestimmen tagtäglich, ob und welche Gegebenheiten wir aktiv wahrnehmen. Es herrscht sozusagen ein Wettkampf darüber, welche Sinnesreize die höhere Priorität für uns besitzen. Ein Grund für diese Selektion ist die natürliche Beschränkung unseres Gehirns. Eine weitere Ursache kann auch negatives Denken sein.

Konzentration – Eine Synchronisation mit der Aufmerksamkeit

Die Konzentration bezeichnet die Intensität der Aufmerksamkeit. Solange die Konzentration einer Sache gilt, kann sich die Aufmerksamkeit den Inhalten des Bewusstseins widmen, die für uns als relevant empfunden werden. Wenn wir die Aufmerksamkeit von einer Sache abwenden, beispielsweise durch ein Telefonat oder, weil wir anderweitig das Interesse verlieren, verschwindet auch unsere Konzentration. Dieses Fokussieren auf ein Thema geht immer mit der Aufmerksamkeit einher. Kurzum bedeutet das ganz konkret: Ohne die bewusste Auseinandersetzung mit einer Sache, kann es auch zu keiner Konzentration der Gedanken kommen. Keine Aufmerksamkeit = Keine Konzentration.

Andreas Tenzer (*1954 bei Aachen), der unter anderem ein deutscher Philosoph ist, bezeichnet die Konzentration, als die Kunst, dort zu sein, wo man ist.

Kennen Sie eigentlich das Phänomen, dass Sie – während Sie still und leise über Probleme nachdenken – plötzlich laut „*Nein!*" aussprechen, beginnen zu pfeifen oder sich anderweitig versuchen abzulenken? Damit möchten Sie die Intensität, also die Stärke Ihrer Konzentration hemmen. Sie möchten dadurch die Aufmerksamkeit auf ein anderes Thema lenken und sich dem gegenwärtigen Fokus Ihrer Gedanken entziehen. Im (bisher angenommen) Idealfall gelingt es Ihnen, aber meistens werden Sie in Ihrem gedanklichen (und negativen) Strudel festhängen – und können sich trotz mehrfacher „Abbrüche" nicht lossagen. Wenn es so einfach wäre, sich gedanklich auf ein anderes und vielleicht auch angenehmeres Thema festzulegen, würden wir schlichtweg die

„Platte“ wechseln. Dann hätten wir in Punkto Achtsamkeit zumindest einen ersten guten Ansatz gefunden. Das funktioniert aber nicht. Und warum nicht? Weil wir nicht achtsam sind.

Wir haben die Fähigkeit verloren oder uns einfach nur noch nicht angeeignet, die Dinge zu hinterfragen und vor allem wertungsfrei zu betrachten. Stattdessen hängen wir uns mit negativen Gedankengängen auf, die uns auf das Gemüt schlagen.

Dem Menschen fällt es allgemein einfacher, sich auf Schlechtes zu konzentrieren. Allerdings haben die Wenigsten die Muse, keine Kraft und teils auch nicht die richtigen Ansätze parat, diese Angelegenheiten friedvoll abzuschließen – um anschließend einen Punkt zu setzen.

Positive Ereignisse verflüchtigen sich deutlich schneller und halten leider auch nicht so lange an. Ob das mit mangelnder Dankbarkeit zusammenhängt? Ja und nein. Ja, weil die unzureichende Dankbarkeit mit einer Art des Vergessens zusammenhängt. Auch eine zu hohe Erwartungshaltung und vor allem, da wären wir wieder beim Urteilen, kann eine Bewertung der Situation dazu führen, dass das Negative wieder die Überhand gewinnt.

Im Bezug zu dem Nein, kann ich Ihnen zusichern, dass es leider einfach menschlich ist, sich überwiegend mit dem Negativen auseinanderzusetzen. Es galt damals dem Überlebenstrieb, sich um Probleme zu sorgen. Wer Gefahren nicht sah, ist früher gestorben.

Achtsamkeit – Ein Bündel aus Aufmerksamkeit und Konzentration.

Die Achtsamkeit, die im Englischen Mindfulness genannt wird, bezeichnet einen Zustand, in dem Ihre Aufmerksamkeit und Ihre Konzentration *harmonisch* einhergehen.

Aufmerksam zu sein bedeutet, ohne zu urteilen den gegenwärtigen Augenblick bewusst wahrzunehmen und ihn zu akzeptieren.

Diese Fähigkeit ist erlernbar und zählt zu einer Geisteshaltung, die in der Praxis über Meditationsübungen trainiert werden kann. Meditationen sind mentale Trainingseinheiten, die sogar nachweislich bestimmte Regionen des Gehirns verändern – *später lesen Sie dazu mehr.*

Um es in einfachen Worten zu sagen, ist die Achtsamkeit die notwendige und gesunde Variante unseres Denkens. Wenn Sie achtsam sind, wissen Sie, dass unser Leben aus einer Reihe zahlreicher Augenblicke besteht. Nur, wenn Sie „wach" sind und einen klaren Blick auf das Leben haben, können Sie die Vielfalt und Tiefe Ihres Daseins wahrnehmen. Wenn Sie gelernt haben, wertungsfrei zu denken, erlangen Sie große Vitalität (u. a. durch deutlich weniger Stress) und Spiritualität / Weisheit.

KAPITEL 3 WIESO IST ACHTSAMKEIT SO WICHTIG?

„Unser wahres Zuhause ist der gegenwärtige Augenblick. Wenn wir wirklich im gegenwärtigen Augenblick leben, verschwinden unsere Sorgen und Nöte und wir entdecken das Leben mit all seinen Wundern." – Thich Nhat Hanh, ein vietnamesischer Mönch (*1926 in Vietnam)

Selbstwahrnehmung

Leider besitzen sehr viele Menschen, vor allem die aus unseren eigenen Reihen, eine überspitze Selbstwahrnehmung. In anderen Fällen, meint man zu mindestens, scheint keinerlei Indiz vorhanden zu sein, dass ihnen die eigene Außenwirkung annährend bekannt ist. Großes Erstaunen, bis hin zu Ärgernis, Fremdschämen und andere – überwiegend negative – Empfindungen, sind die Folge.

Doch wie verhält es sich, wenn Ihre eigene Selbstwahrnehmung getrübt ist und Sie daraufhin keine präzise Selbsteinschätzung treffen können? Sie müssen wissen, es betrifft uns alle! Die einzelnen Ausnahmen bilden diejenigen, die sich tagtäglich mit Ihrer Achtsamkeit auseinandersetzen. So ist es zum Beispiel nicht wichtig, was ein Anderer über Sie denkt. Aber es ist wichtig, dass Sie auf Ihre Fähig- und Fertigkeiten vertrauen. Dadurch meistern Sie alle Situationen und lassen sich nicht durch Holprigkeiten aus der Fassung bringen. Durch Ihre innere Stärke, können Sie einen gesunden Abstand zu diversen Nichtigkeiten erlangen.

Im Leben gibt es zahlreiche Ereignisse, die Sie aktiv oder passiv wahrnehmen. Kennen Sie die Situation, dass Sie im Nachhinein feststellen mussten, dass Sie eine völlig andere Wahrnehmung hatten, als ein Freund von Ihnen? Das kann unter anderem an Ihrer Tagesverfassung gelegen haben; allerdings ist es sehr wahrscheinlich, dass die unterschiedlichen Ausprägungen Ihrer beiden Achtsamkeiten die Ursache dafür war.

Um diese Aussage zu bebildern, nennen ich Ihnen zwei banale Beispiele (Klassiker), die der eine oder andere Leser kennen dürfte.

Fallbeispiel 1

Marc (35) und Florian (37) arbeiten zusammen in einem Versicherungsunternehmen und sitzen gemeinsam in einer Routine-Besprechung. Nehmen wir hierfür ein festes Mittwochmorgenritual.

Florian ist ein eher ruhigerer Typ, Marc hingegen extrovertiert. Beide haben einen gemeinsamen Vorgesetzten. Marc ist ein eher bequemer Arbeitnehmer, der für jedes Gespräch und für jeden Spaß zu haben ist. Florian hingegen ist ein sehr eifriger und fleißiger Typ, der immer sehr gute

Zahlen, also Resultate liefert und der nie aufgehört hat, an sich zu arbeiten. Daher hat sich Florian tagelang auf diese Besprechung vorbereitet und an einer 10-Punkte-Liste gearbeitet, die er – nach Rücksprache mit dem Vorgesetzten - vorstellen möchte. Diese Liste soll der Effizienz dienen.

Als es dann soweit ist und Florian seine Liste vortragen möchte und *just in moment* beginnt, auf seine Liste zu sehen, „quatscht“ Marc rein und bringt die Meute zum Lachen. Auch der Vorgesetzte ist amüsiert und nimmt die Gesamtsituation nicht so ernst. Was Marc allerdings nicht wusste, ist, dass Florian diesen Vortrag geplant hat…

Was meinen Sie, wird jetzt passiert? Überlegen Sie einen Augenblick und lesen erst dann weiter.

Florian ist erschüttert, er fühlt sich respektlos behandelt. Er empfindet keine Beachtung und wird ungehalten. Seine Stimme wird scharf und er bittet Marc, sein Verhalten zu unterlassen. Die

Außenwirkung ist schlecht, weil sich die Leute allesamt angegriffen fühlen, da auch sie gelacht haben. Die Selbstwahrnehmung von Florian ist ebenfalls gestört, weil er sein Ego sprechen lassen hat – ganz nach dem Motto *„Man müsste mir die ehrenwürdige Aufmerksamkeit schenken, weil ich mich vorbereitet habe"*. Dabei rutschen wir wieder in eine Art Bewertungssystem, dass die Skala der Achtsamkeitsschenkung vorbestimmt.

Achtsamkeit erfolgt aus Wohlwollen und nicht, weil sie erzwungen werden kann. Selbstverständlich können wir alle, wie kleine Zinnsoldaten Spalier stehen, wenn es arbeitstechnisch gefordert ist; aber bei einer offenen Gesprächsrunde, die wirklich keiner „offiziellen" Veranstaltung gleicht, kann unter Zwang kein guter Lauf entstehen.

Es ist so enorm wichtig, dass Sie bei Ihren Eindrücken nicht auf Ihr Ego hören, dass sich stets zu ernst nimmt, sondern, dass Sie auf Ihre Fähigkeit aufbauen, die Dinge <u>nicht</u> zu bewerten. Sie sollten lernen, die alltäglichen Situationen wertungsfrei passieren zu lassen. Diese Fähigkeit, Situationen wertungsfrei zu betrachten und seine Erkenntnisse daraus zu ziehen, beispielsweise ein anderes Verhalten aufgrund von Unwissenheit zurückzuführen (wie es bei Marc der Fall ist), ist das Ziel. Es ändert sich nichts an der Tatsache, dass wir – egal wie schwer die Umstände sind – alle Gegebenheiten als zahlreiche Augenblicke des Lebens verstehen müssen. Es entspricht der Wahrheit. Was heute Kummer bereitet, kann morgen das kleinste Problem sein. Erfreuen wir uns doch an den schönen Dingen im Leben, wie an humorvollen Kollegen und an einem Vorgesetzten, der das Lachen nicht verlernt hat.

Fallbeispiel 2

Ela (25) geht zusammen mit ihrem heimlichen Schwarm Nils (27), als gute Freunde, in die Disco. Die beiden wollen einen „lockeren“ Abend verbringen.

Dort treffen sie auf eine Vielzahl anderer Gäste, die dasselbe vorhaben. Unter den Gästen ist eine junge

Frau namens Rachel (29), die zufällig so ausschaut, wie sich Ela gerne sehen würde. Rachel ist groß, schlank und blondiert – es scheint so, als würde ihr die ganze Welt zu Füßen liegen. Die vermeintliche Konkurrentin übt unbewussten Druck auf sie aus. Ela beginnt sofort Vergleiche zu ziehen und merkt dabei gar nicht, dass ihre Stimmung schlagartig abnimmt.

Nils, ein junger Mann, dem die ganze Welt noch offen steht und der obendrein ein gesundes Selbstvertrauen hat, reagiert aufgeschlossen auf die ferne Zwinker-Begrüßung von Rachel und lächelt keck zu ihr rüber. Dass sich Nils und Rachel bereits aus der Universität kennen, weiß Ela nicht. Sie sieht nur, dass eine fremde Frau ihrem Schwarm zuzwinkert, obwohl sie daneben steht. Was denken Sie, wie sich Ela fühlt? Was wird Ela denken? Halten Sie einen Augenblick inne und lesen erst dann weiter.

Ela empfindet das Zwinkern, als eine Dreistigkeit und obendrein fühlt sie sich dadurch angegriffen. Im schlimmsten Fall reagiert sie eifersüchtig und brasstet Nils an, der „nichts“ gemacht hat und die

Beweggründe von Ela nur erahnen kann. In manchen Fällen arten solche Situationen in einem Disput aus, in der vor allem der unachtsamere Part nichts gewinnt – keinen Seelenfrieden, keine positive Aufmerksamkeit und keine Achtsamkeit, die auf sich selbst gelenkt ist. Dass, was im Vordergrund steht, ist das eigene Ego.

Optimal wäre es gewesen, wenn sich Ela über die Aufmerksamkeit, die Nils erhielt, gefreut hätte. Zumindest hätte sie sich auf keine niedere Stufe stellen müssen. Dazu gab es keinerlei Anlass. Das anfängliche Werten hat sie unleidlich gemacht. Niemanden gefällt es, sich schlecht zu fühlen. Die Herausforderung, sich selbst einzugestehen, dass es das eigene Ego ist, das einen so runter zieht, muss man beherzigt annehmen. Hätte sie zu ihrem Ego den nötigen Abstand gefunden, wäre der Abend sicherlich angenehm – und wer weiß – vielleicht auch erfolgreich verlaufen. Immerhin ist Nils mit ihr ausgegangen und hatte keinen Grund, sich vor ihr zu verstecken. Die bestehende Freundschaft basiert auf

Vertrauen und Zuneigung, da ist etwas Grundlegendes aufgebaut.

Motivation und Achtsamkeit – Mehr Erfolg im Leben

Motivation ist eine Haltung, in der die Absichten einer Entscheidung festgelegt sind. Inwiefern die Motivation Bestand hat, hängt von Ihrer Achtsamkeit ab. Nur, wenn Sie sich auf Ihr Ziel konzentrieren, können Sie das Vorhaben erreichen. Wenn Sie tagtäglich die nötige „Präsenz im Kopf" bewahren, um Ihre Ziele zu verwirklichen und sich in Achtsamkeit zu üben, können Sie Berge versetzen.

Ein Mangel an Achtsamkeit kann eine Ursache für das Schwertun der selektiven (ausgewählten) Wahrnehmung sein. Dadurch werden oft Details übersehen, Flüchtigkeitsfehler sind die Folge. Diese „Verblendung" kann dazu führen, dass Sie den Wald vor lauter Bäumen nicht mehr sehen – und dadurch Ihre Ziele aus den Augen verlieren. Auch Situationen, wie in den obigen zwei Fallbeispielen aufgeführt, können unerwartet eintreten.

Tipp:

Merken Sie sich die drei goldenen Regeln, um Ihre (neue) Lebensaufgabe mit Bravur zu meistern:

1. **Legen Sie los!**

   Aller Anfang ist schwer. Das Wichtigste ist, dass Sie mit der Verfolgung Ihres Ziels beginnen. Definieren Sie Ihr Ziel. Sie sollten nicht zu lange überlegen, ob Ihre Zielsetzung Erfolg haben wird. Wenn Sie es nicht ausprobieren, erfahren Sie nie, ob Ihre Idee gut ist. Wer seinen Job wechseln möchte, muss sich auch aktiv um einen neuen Arbeitsplatz bemühen. Auch Profisportler haben irgendwann klein angefangen. Der Weg ist das Ziel.

   Dadurch, dass Sie diesen Ratgeber bis hierhin gelesen haben, sind Sie schon einen wichtigen

Schritt gegangen: Sie haben Ihren Wunsch nach Veränderung aktiv in die Hände genommen. Ob Sie damit erfolgreich sind, hängt von Ihrer Zielstrebigkeit ab.

2. Halten Sie durch!

„Nicht der Schnellste und Stärkste siegt, sondern der, der denkt, dass er es kann!“ (Zitat aus unbekannter Quelle) Und das stimmt! Die Beständigkeit Ihrer Anstrengungen entscheidet über den Umfang Ihres Erfolgs. Es ist nicht immer leicht, in verschiedenen Alltagssituationen stark und konsequent zu sein, das wird auch nicht verlangt. Wir müssen keinem Ideal entsprechen.

Schwankende Motivationsstärken sind erlaubt und menschlich. Die Kunst besteht darin, sich immer wieder aufzuraffen. Aufraffen bedeutet, dass Sie sich immer wieder auf Ihr Ziel konzentrieren. Flüchtige Gedanken, die einen lediglich an die Zielsetzung erinnern, sind nicht ausreichend. Auch negativer Stress, den Sie durch Zwang oder Druck anderer Art empfinden könnten, ist nicht zielführend; zwar konzentrieren Sie sich dadurch auf Ihr Ziel, aber Sie stagnieren zugleich. Es ist wichtig, immer wieder das Zepter in die Hand zu nehmen, in Bewegung zu bleiben und vor allem: Aktiv dranzubleiben!

3. Bleiben Sie aufmerksam!

Ihnen sollte die Wirkung Ihres Handels bewusst sein. Hinterfragen Sie sich! Konnten Sie bereits Fortschritte verzeichnen? Sind Ihre Bemühungen zielführend? Sind Sie positiv eingestimmt? Was haben Sie besonders gut gemacht? Woran könnten Sie noch arbeiten? Und vor allem, behalten Sie sich stets im Auge? Gefällt Ihnen, was Sie verfolgen? Wenn Sie letzteres mit „Ja“ beantworten können, haben Sie eine gute Ursprungsidee gehabt. Jetzt gilt es, den Weg weiterhin Ihren Bedürfnissen anzupassen. Anderenfalls laufen

Sie Gefahr, dass Sie tatsächlich „ins Leere“ arbeiten.

Dieser letzte Step, Punkt Nummer 3, ist mitunter die schwierigste aller Aufgaben. Oft neigen wir dazu, uns gegenüber unehrlich zu sein. Das Schlimme daran ist, dass wir es meistens nicht annährend wissen. Rauchen ist dafür ein gutes Beispiel. Ich behaupte, dass mittlerweile alle unter uns wissen, dass Rauchen unserer Gesundheit schadet und nur unnötige Kosten verursacht. Geld, wofür Sie und ich hart arbeiten. Hart, weil wir, in den meisten Fällen, die meiste Zeit unseres Lebens an oder mit der Arbeit verbringen. In den seltensten Fällen, üben wir unsere Berufung aus. Wieso ist das wohl so? Weil man sich nicht auf sein Ziel konzentriert hat...

Die meisten haben sich schon sagen hören: *„Nächstes Jahr höre ich auf!“*, *„Rauchen ist schlecht, aber ich kann nicht damit aufhören!“* usw. Aber wieso hören Sie nicht einfach damit auf? Sie schenken sich keine Achtsamkeit. Sie reden sich Ihre Schwächen mehr oder minder schön. Sie gaukeln sich vor, dass das *„schon ok oder nicht zu ändern“* sei, wie es ist. Es ist auch

„normal ständig unglücklich zu sein" und es ist sowieso ein Lauf des Lebens, dass man im Alter *„dick"* wird…

Nein, nein und nochmals Nein! Nichts ist „normal" oder „vorherbestimmt", sondern eine Folge zahlreicher Ereignisse und Energien, die Sie beeinflussen. In allen anderen Fällen, sind ganz alleine Sie der „Bestimmer", Sie sind Ihr eigener „Fluch" und „Segen" zugleich.

Negative Verstärkung vermeiden

Ziel sollte es sein, sich dem Fluss des Lebens hinzugeben und nicht laufend mit seinen „Voraussagungen" die negative Bestätigung zu suchen. Ja, wir sprechen hier über die wiederkehrende Bestätigung negativer Zukunftsprophezeiungen – ganz nach dem Motto *„Das habe ich doch gesagt! Ich wusste, dass das nichts wird."*… Erkennen Sie sich wieder? Ein Mensch erntet, was er säht. Widmen Sie sich den positiven Gedanken und glauben Sie daran, dass nichts ohne Grund passiert. Sie können nicht verlieren, sondern nur an Erfahrung sammeln. Eine andere Einstellung fügt Ihnen nur seelischen und psychischen Schaden zu.

In der Psychologie spricht man von einer Konditionierung. Ähnlich wie bei einem Hund, den man durch Leckerlies und Clickertraining ein bestimmtes Verhalten aneignen kann, können auch Sie selbst auf ein bestimmtes Verhalten hinarbeiten.

Die Unterschiede zwischen „positiver“ und „negativer“ Verstärkung werden gerne falsch verstanden. Eine positive Verstärkung geht mit einer Belohnung einher. Nehmen wir an, der Hund soll nicht mehr an der Leine ziehen – und Sie sollen versuchen, ein (für Sie) unangenehmes Gespräch zu führen, ohne dabei die Fassung zu verlieren. Wenn das Ziel erreicht wurde, erhalten Sie anstelle des Hundes, der jetzt ein Leckerli erhalten würde, eine direkte Belohnung – weil sie ohne die negative Verstärkung deutlich entspannter, gelassener und vor allem ausgeglichener durch das Gespräch gekommen sind. Ihre Freude über das Gelingen, wird Ihre direkte Belohnung sein.

Um Ihnen noch ein weiteres Beispiel zu nennen, möchte ich eine Situation aus meiner Jugend schildern:

Als ich 16 Jahre alt war, durfte bis 20.30 Uhr draußen sein. Eines Tages wollte ich aber länger unterwegs sein, natürlich, weil ich Flausen im Kopf hatte. Wir wollten nämlich eine Party schmeißen. Das Gartenhäuschen, das Bier und die Leute waren bereits organisiert. Jetzt galt es, meine Mutter zu überzeugen. Da sie mich, als Lausbuben, bestens kannte, waren meine Überzeugungskünste ein hartes Stück Brot. Mit Gelassenheit und großer Überzeugungskraft, dass die Welt für mich untergehen würde, hat sie mich – angeblich nur ausnahmsweise – ziehen lassen (übrigens bis 23.00 Uhr, weil das Gartenhäuschen nur wenige Straßen entfernt war!).

Da ich mit meinem Selbstvertrauen richtig gelegen und „gesiegt“ habe, durfte ich anschließend immer häufiger länger draußen bleiben, weil ich mit der nötigen Gelassenheit und Selbstsicherheit in die nachfolgenden „Verhandlungen“ gegangen bin. Sicherlich hing das auch mit meinem Alter und den guten schulischen Leistungen zusammen, aber immerhin: Das war mir eine Schlüsselsituation, die ich bis heute tief in mir bewahre. Heute lasse ich Sie daran teilhaben. Sicherlich hatten Sie auch solche oder ähnliche Situationen. Diese Momente durften Sie erleben, weil Sie sich mit Ihrer Achtsamkeit auseinandergesetzt haben.

Ihre „Siegeszüge“, wie die Erreichung von mehr Gelassenheit, sollten Sie sich immer wieder ins Gedächtnis rufen.

Eine negative Verstärkung ist keine Bestrafung!

Bei der negativen Variante der Verstärkung, geht es um die Vermeidung eines unangenehmen Reizes. Ein Mensch, der eine Phobie gegen Spinnen hat, würde sich bei einer solchen Begegnung direkt distanzieren. Um diesen angstauslösenden Kontakt zu vermeiden, wird der Mensch unfreiwillig, oder gar überhaupt nicht, Kellerräume betreten. Das wäre kein gutes Verhalten.

Nur, weil Sie beispielsweise keinen Kellerraum betreten, löst sich Ihr Problem nicht auf. Die Spinnen würden weiterhin das Oberwasser gewinnen. Dasselbe gilt für Ihr Stresspotenzial, dass Sie versuchen, niedrig zu halten – damit es zu keiner „Kollision“ kommt. Um gegen Stress belastbarer werden, brauchen Sie gewisse Auseinandersetzungen. Die daraus resultierenden Erfolgserlebnisse, können Ihnen das notwendige Selbstvertrauen vermitteln, welches Sie für die Aufgaben des Lebens benötigen. Eine ständige Vermeidung ist keine Lösung, sondern eine negative Verstärkung!

In Ihrem Leben werden noch zahlreiche stressige Situationen eintreten, vor denen Sie sich nicht bewahren können. Das können ganz unterschiedliche Situationen sein, wie die Erkrankung eines Familienangehörigen, eine große Messe, auf der Sie die Firma begleiten müssen oder auch ein Auffahrunfall auf der Autobahn. Das sind in der Regel Stressfaktoren, die Sie ganz plötzlich überfallen – ohne eine geringste Chance für Sie, sich vorab mental darauf einzustimmen. Daher ist es ratsam, wenn Sie sich nach und nach den stressigen Seiten des Lebens hingeben und versuchen, an Ihrer Gelassenheit zu feilen. Sie schaffen das!

Es gibt keinen Weg, der an dieser konsequenten Übungsreihe vorbeiführt. Dafür gibt es einen Weg, den Sie jetzt neu einschlagen. Ab jetzt dürfen Sie sich gut aufgehoben fühlen, denn Sie eignen sich das nötige Wissen an, um den Prozess in Wallung zu bringen und um zu verstehen, was mit Ihnen und Ihrer Umgebung passiert. Wenn der Zeitpunkt gekommen ist und Sie Wichtiges verstanden haben, werden Sie eine große Wandlung durchleben. Freuen Sie sich darauf.

Stellen Sie sich vor, wie es wäre, wenn Sie all den Stress hinter sich lassen. Würde es sich gut und richtig anfühlen? Sie würden die Welt mit offenen Augen sehen und sich von alledem trennen, dass Ihnen und Ihrer Umgebung Schaden zufügt.

Sie wären zwar in der Lage, über den gesprochenen Dingen und auch anderen Gegebenheiten zu stehen, aber Sie wollen sich lieber den schönen Dingen des Lebens widmen: Nämlich den positiven Energien. Desto aufgeschlossener Sie auf diese reagieren, umso höher wird die Frequenz des Empfangs sein.

Liebende beispielsweise sind für jegliche Arten der Liebe empfindsam. Das zeigen zahlreiche Beispiele in Bezug auf Kosenamen, wie „Schatz“ oder „Hase“. Unzufriedene Singles hingegen können Kosenamen nichts abgewinnen. Sie kritisieren evtl. sogar diese Verniedlichungen. In einer eigenen Beziehung kann das zu einem anderen Zeitpunkt ganz anders aussehen. Das liegt daran, dass sie sich mehr auf das „Nichthaben“ und „Nichtkönnen“ beschränken. Diese Leute haften an Negativem und beeinflussen dadurch ihre Empfindungen.

KAPITEL 4
WELCHE FOLGEN HAT UNACHTSAMKEIT?

Die Folgen von Unachtsamkeit sind facettenreich. Angefangen von kleineren Beschwerden, die sich durch Angespanntheit zeigen können, bis hin zu ernst zu nehmenden Erkrankungen. Sie werden erstaunt sein, was Ihnen eine Folge an jahrelanger Unachtsamkeit, unnötigem Stress und an mangelnder Gelassenheit zufügen können. Daher bitte ich Sie, zu überprüfen, ob Sie sich in einzelnen Punkten wiederfinden.

Erkrankungen und Heilungsmethoden

Eine Krankheit zeigt sich, als eine so genannte Befindlichkeitsstörung oder als Leidensdruck. Sie geht mit einer Störung einer Funktion des Organismus, der Organe oder der Psyche einher.

Zu diesen Krankheiten (ausgelöst durch Stress und Unachtsamkeit) zählen unter anderem:

- Diabetes und erhöhter Cholesterinspiegel (hätten Sie das gedacht?)
- Zyklusprobleme bis hin zu Unfruchtbarkeit und Impotenz
- Anfälligkeit für Infektionskrankheiten
- Tumorerkrankungen (Ja, auch Krebs ist damit gemeint!)
- Herz- und Hirninfarkte
- Bluthochdruck
- Angststörungen und Panikattacken
- Essstörungen
- Magen-Darm-Geschwüre

- Hörstürze und andere Beschwerden der Gehörgänge

Die Medizin hat es sich zur Aufgabe gemacht, diese unterschiedlichsten Erkrankungen zu kategorisieren und vor allem auch zu diagnostizieren. Während der Untersuchung, werden dann die einzelnen Befunde zu einer Diagnose niedergeschrieben und letztlich die mögliche/n Therapie/n ausgearbeitet. Die schulische Medizin kann Ihnen ein paar Heilungsangebote, aus einem manifestierten Methodenspektrum (meistens medikamentös), anbieten.

Wie gut es doch ist, dass wir die freie Wahl haben. Letztlich haben Sie jederzeit die Möglichkeit, sich auch alternativ beraten und heilen zu lassen. Zwei Methoden, die aktuell für eine große Masse interessant sind, wären die Homöopathie und Selbstheilung.

In der Homöopathie, als Behandlungsmethode, wird mehr oder minder auch auf die selbstheilenden Kräfte des Körpers spekuliert. Selbstverständlich ist die

Homöopathie keine Hexerei, sondern eine Alternative zu chemischen Medikamenten. Die Wirksamkeit ist auf vielfache Weise erwiesen, aber trotzdem ist sie nicht flächendeckend anerkannt.

Ein Hund, der über die Wirksamkeit nicht urteilen kann, erfährt ebenso eine Heilung, wie ein Mensch, der aktiv an die Wirkung glaubt und gegebenenfalls dieselbe Behandlung erfährt.

Ein deutscher Arzt, Samuel Hahnemann (*1755 in Meißen), hat 1796 erstmals über diese alternativmedizinische Behandlung gesprochen. Für homöopathische Mittel werden verdünnte Substanzen mit Ethanol oder Wasser vermengt oder sogar teilweise mit Milchzucker verrieben (ergo Globulis).

Die Selbstheilung ist eine Kraft unseres Körpers. Dadurch befähigen wir uns, diverse äußere und auch innere Beschwerden und Krankheiten zu heilen. Es ist tatsächlich so, dass sich der Körper permanent regeneriert. Denken Sie an Schürf- und

Schnittwunden, die wie durch Zauberhand nach wenigen Tagen vergessen sind. Auch eine böse Erkältung kann ohne Medikamente innerhalb kürzester Zeit kuriert werden. Bei Knochenbrüchen, kümmert sich der Körper um das Zusammenwachsen. Logisch, der Arzt sollte die Knochen, sofern massiv verschoben, zuvor richten, allerdings übernimmt der Körper den Rest.

Sie merken: In uns steckt viel mehr Energie, als wir meinen zu wissen. Ist es nicht fantastisch, dass wir uns selbst heilen können?

Weitere Beeinträchtigungen, die durch Unachtsamkeit entstehen

Die folgenden seelischen und psychischen Belastungen, können wir durch ganz einfache Achtsamkeitsübungen wieder in den Griff kriegen, so dass Sie selbst die nötige Kraft aufbringen können, dem Leben „JA!“ zuzurufen:

- Dauerhafte Angespanntheit
- Konzentrationsschwierigkeiten
- Verminderte Gedächtnisleistung (können erste Anzeichen für Burnout sein)
- Schlafstörungen
- Schlechter Umgang mit Schmerzen und anderen Belastungen
- Verstärkung körperlicher und psychischer Stresssymptome, bis hin zu Burnout, Depressionen und anderen Störungen

Erkrankungen und Beschwerden dieser Art, sind kein Zuckerschlecken und sollten umgehend „behandelt" werden. Wenn Sie das Gefühl beschleichen sollte, dass Sie zu wenig „für sich machen" und es bereuen, sich eventuell für andere Dinge im Leben mehr interessiert zu haben, kann ich Sie beruhigen: Es geht fast allen Menschen so! Auch Ihr mögliches Idol, welches augenscheinlich so erfolgreich und glücklich ist, muss hart an der eigenen Gesundheit und Selbstliebe arbeiten, um nicht später zusammenzubrechen oder durchzudrehen. So zu enden, kann kaum Ihrem Wunschgedanken nach mehr Glückseligkeit entsprechen.

Auch ich habe mehrere Etappen hinter mich gebracht, ehe ich Ihnen diese Zeilen mit auf dem Weg geben konnte. Auf meinem persönlichen Weg zu mehr Achtsamkeit, bin ich öfters sprachlos gewesen. Ich bin noch immer fasziniert, wie greifbar diese „Entschleunigung“ des Lebens ist, wenn man sich nur etwas mehr, um sich persönlich kümmert. Ich wünsche mir für Sie, dass auch Sie diese Fähigkeit der Annahme erlangen und sich in wunderbarer Bewunderung suhlen können. Sich, als Erwachsener, noch groß zu wundern, Bauklötze staunen zu können, hält jung.

Versuchen Sie sich zu freuen, aufrichtig dankbar dafür zu sein für zahlreiche Studien und anderen Untersuchungen, die uns heute dieses Wissen zur Verfügung stellen. Die Neumoderne hat uns kränklicher gemacht, im Vergleich zu früher, doch hat sie uns auch neue Erkenntnisse und Mittel aufgezeigt und offengelegt, gegen diese starken Einflüsse anzugehen – und um letztlich den Stress zu strotzen.

Wussten Sie, dass Ihre Gesundheit größtenteils mit Ihren Gedanken zusammenhängt? Wie ich darauf komme?

Wenn Sie sich etwa ärgern, gilt diesem Ärgernis Ihre Aufmerksamkeit. Wie vollumfänglich Ihre Aufmerksamkeit ist, hängt ganz von Ihrem derzeitigen Zustand ab. An sogenannten „guten Tagen“, kann Sie nichts so schnell aus der Bahn werfen; daraufhin kann sich Ihre Aufmerksamkeit bezüglich Unannehmlichkeiten relativ schnell verflüchtigen. Allerdings gibt es auch Tage, an denen einfach alles unrund läuft. Das sind die Tage, an denen Sie einen Großteil Ihrer Energie sinnlos verpulvern. Sie hängen dann vergleichsweise in einer Endlosschleife fest. *„Ach Mensch, wieso biegt er ohne zu Blinken ab?!“*, *„Das kann doch nicht wahr sein! Wieso hat er mir die Vorfahrt genommen?“*, später an der Arbeit wird es heißen *„Wieso hat Sie keinen neuen Kaffee aufgesetzt?“*

oder *„Wieso habe ich die umfangreichen Akten und mein Kollege nur die einfachen Klärfälle?"*

Da wir Menschen allgemein Negatives viel schneller wahrnehmen und auch länger in Erinnerung behalten, gilt ab jetzt Ihre Aufmerksamkeit dem schlechten Lauf des Tages. Aus dieser Schleife wieder raus zu finden, kann teilweise einige Stunden andauern. In wirklichen Extremfällen, hält dieser negative Zustand ein ganzes Leben lang an. Personen, die dauerhaft negativ denken, werden auch Pessimisten genannt. Optimisten hingegen sind dem Lauf des Lebens aufgeschlossen und machen das Beste aus ihrer Situation. Sie sehen zwar auch die negativen Dinge, aber sie werten diese nicht schlecht – sondern sehen darin eine neue Möglichkeit, um an ihnen zu wachsen und Neues zu erleben. Das ist der kleine, aber feine Unterschied.

Wenn Sie sich also nicht zwanghaft an dem Negativen im Leben festhalten, können Sie länger gesund, vital und vor allem gelassener bleiben. Das gilt auch für die junge 20+ Generation.

KAPITEL 5
ACHTSAMKEIT ALS LEBENSEINSTELLUNG

Es gibt viele Trends, die zu einem großen und anhaltenden Hype geworden sind. Aktuell zählen dazu unter anderem:

- Ernährungsumstellungen (zum Beispiel vegetarische und vegane Kost)
- Minimalismus, um ein einfaches Leben ohne Überfluss zu leben
- Upcycling, um Ressourcen zu schonen und Altes aufzubereiten
- Selbstfindungen –und Heilung!

Gerade dieser zuletzt aufgeführte Trend ist aktuell ein großes Thema – auch in der Hirnforschung. *Dazu kommen wir im nächsten Kapitel.*

Die mögliche Selbstfindung- und Heilung baut auf Meditationsübungen auf, die zum Erlangen größerer Achtsamkeit unabdingbar sind. Diese Übungsreihen haben ihren Ursprung im Buddhismus. In den Erzählungen und Schriften wird prinzipiell die Theorie des menschlichen Geistes dargestellt. Sozusagen erhalten wir im Buddhismus nützliche Anreize auf psychologischer Basis, über die wir nachdenken können. Diese Religion, die als 4. Größte der Welt gilt, ist genau genommen eine Lehrtradition aus Indien, die weltweit bis zu 500 Millionen Anhänger gefunden hat. Dabei geht es um die Selbstwahrnehmung und Lenkung seines Geistes. Auch interessant zu wissen, ist die Tatsache, dass nirgendswo anders auf dieser Welt, so viele unterschiedliche Religionen und Menschen friedvoll beieinander leben können, wie in Indien. Es reisen auch Unmengen an Pilger und Interessierte nach Asien, um von dieser Lebenseinstellung, den

Anreizen zu profitieren. Den dortigen Tagesablauf bestimmen Rituale und Meditationen.

Diese Lehre beruht auf eine Erzählung, in der ein Mann, namens Siddhartha Gautama (ugs. Buddha, wörtlich „Erwachter"), der ca. 368 v. Chr. gelebt hat, eines Tages beschloss, nachdem er viel Elend und Leid gesehen hat, sich seinem Ego zu stellen und selbstzerstörende Prozesse zu unterbrechen. Diese und weitere Erkenntnisse, erlangte er durch eine lange Meditationszeit.

Mentales Training

Leute, die meditieren, galten lange als „verrückte Esoteriker". Heutzutage sieht das ganze anders aus. Achtsamkeitsübungen sind weltweit im Vormarsch: Auch große, deutsche Weltkonzerne praktizieren auf Managerebenen diverse Meditationsübungen. Durch die daraus resultierende Stressreduktion wird die Belastbarkeit gestärkt und die Kreativität freigesetzt, die letztlich nicht nur Erfolg für das Unternehmen und den Arbeitnehmer bedeuten, sondern auch Reichtum auf geistlicher Ebene.

Durch Stress, wird im Körper so ein Stresshormon, das Cortisol, freisetzt. Dieses bewirkt, dass die entsprechenden Gehirngruppen, welche für die Kreativität verantwortlich sind, beeinträchtigt werden. Unser Körper gewöhnt sich auf Dauer daran und signalisiert uns nicht mehr rechtzeitig, dass wir uns stressen. Wir merken es erst dann, wenn der Hormonspiegel bereits angestiegen ist. Die Folgen können fatal sein. Anfänglich kann es sich etwa durch einen kurzzeitigen Tinnitus zeigen, später kann dieser jedoch tagelang anhalten. Auch Magen- oder Nackenschmerzen, können die Folge sein. Man sollte aber folgendes wissen: Der Mensch kann sich durch selbstständiges Bewusstseinstraining verändern.

Die Mittel, die einen dadurch in die Hand gelegt werden, sind von unbeschreiblicher Wertigkeit. Nicht ohne Grund, erfahren Sie anhand unterschiedlichster Beispiele in diesem Ratgeber, wieso Ihre Achtsamkeit der Schlüssel für Ihren Erfolg ist.

Erfolg ist ein dehnbarer Begriff und muss nicht zwangsläufig mit allgemeinem Wohlstand und Reichtum zusammenhängen, dessen Interpretationen immer wieder auf finanzielle Aspekte zurückführen.

Reichtum kann Lebensfreude, Lebensqualität, Gelassenheit, innere Zentriertheit, Ruhe und Liebe sein – Liebe, die auf sich selbst gerichtet ist und die aus Ihrem tiefsten Inneren kommt.

In praktizierenden Runden, stellt man immer wieder fest, dass viele Betroffene viel zu selbstkritisch mit sich umgehen. Viele verlangen sich viel zu viel ab und bewahren eine Selbsthaltung, die ständig mit einer gewissen Leistungserwartung einhergeht.

12 Tipps und Wegweiser

Jetzt wissen Sie bereits, wenn Sie das vorherige Kapitel aufmerksam gelesen haben, dass Meditationsübungen ein mentales Training darstellen. Diese Übungen verändern nachweislich die Struktur unseres Gehirns. Unsere Gedankenmuster werden überschrieben.

Damit Sie schnell und erfolgreich an Ihrer Achtsamkeit arbeiten können, habe ich für Sie 12 praktische Tipps aufgezählt. Sie haben natürlich auch die Möglichkeit, diese Tipps zu individualisieren und diese somit Ihren Bedürfnissen anzupassen.

Kennen Sie das? Der Wecker klingelt unermüdlich, die Snooze-Funktion wurde mehrfach aktiviert, Ihr Frühstück fällt aus, die Katzenwäsche muss ausreichen und mit einem Bleifuß fahren Sie zu Arbeit?

Jetzt ist damit Schluss!

Den ganzen Tag lang, werden Sie mit einer Vielzahl von Ereignissen überflutet – daher ist für einen guten Start in den Tag, das morgendliche Achtsamkeitsritual enorm wichtig. Ganz nach dem Motto „Wie der Morgen, so der Tag“!

Die jetzigen Tipps sollen Ihnen einen Anreiz geben, sich in Alltagssituationen zu „entschleunigen". Sie werden dazu animiert, sich selbst zu beobachten und Ihren nicht negativen Gedanken und Emotionen ein Gehör zu verschaffen. Etwaige Gedanken, wie Beziehungsprobleme, sind während dieser mehrminütigen Trainingseinheiten tabu. Ich verspreche Ihnen, dass Sie - bei einer konsequenten Umsetzung - schnell merken, dass diese kleinen Tipps eine große Wirkung auf Ihren Denkmechanismus haben.

Tipp Nr. 1 – Das Wachwerden

Sobald der Wecker klingelt, bleiben Sie entspannt im Bett liegen. Zwar sollten Sie die Snooze-Funktion betätigen, für den Fall des Wiedereinschlafens, aber lassen Sie sich dadurch bitte nicht stressen, denn jetzt geht es auf Tuchfühlung. Versuchen Sie, Ihre Aufmerksamkeit auf sich zu richten. Lassen Sie sich dadurch Zeit zum Wachwerden.

Nehmen Sie bewusst wahr, dass Sie liegen? Spüren Sie Ihre Energie? Wie fühlt sich Ihre Haut an, ist sie warm? Wie intensiv ist Ihr Atem, hören Sie ihn? Spüren Sie Ihren Herzschlag?

Kleinere Streck- und Dehnübungen machen müde Muskeln wieder fit. Wie fühlt es sich an, wenn Sie Ihre Knochen und Muskulatur auseinanderzerren und wieder entspannen? Achten Sie auf Ihre Körperwahrnehmung.

Tipp Nr. 2 – Das Frühstück

Hören Sie auf Ihr Gefühl. Wonach ist Ihnen heute Morgen? Darf es anstelle des Verzichts, der bisher aus Zeitmangel resultierte, auch ein Müsli sein? Wie würde sich das Müsli wohl in Ihrem Mund anfühlen? Würden die enthaltenen Früchte auf der Zunge bitzeln? Essen Sie unbedingt das, worauf Sie Appetit haben.

Was halten Sie von einem Streuselstückchen, das Sie sich auf dem Weg zur Arbeit beim Bäcker holen könnten? Wenn Sie daran denken, was empfinden Sie? Kommt Freude in Ihnen auf? Schmeckt Ihnen der Saft oder der Kaffee, den Sie trinken?

Bleiben Sie drei Minuten bei dieser Sache und lenken Sie Ihre Gedanken immer wieder auf Ihre Aktion (essen, trinken) zurück.

Tipp Nr. 3 - Die morgendliche Dusche

Dieses Ritual wird ab sofort zur Sperrzone für alltägliche Gedanken, die sich um Alles, aber nicht direkt um Sie drehen. Das Badezimmer wird von nun an zum Tempel der Achtsamkeit. Der Grund für diese direkte Ansage: Unter der Dusche läuft der Gedankenzirkus richtig auf Hochtouren! Wir sind in den meisten Fällen schon wach und auf geistiger Eben warm gelaufen, wenn wir duschen. Daher planen wir bereits unter der Dusche unseren Tag und sind dadurch nicht mehr wirklich bei uns.

Was empfinden Sie, wenn das Wasser Ihre Haut berührt? Kitzelt es Sie? Haben Sie Ihre Duschbrause so eingestellt, dass die harten Wasserstrahlen, wie eine Massage wirken? Ist Ihnen unter der Dusche kalt oder warm? Wie fühlt sich das Shampoo zwischen Ihren Fingern an? Spüren Sie, durch das Duschgel, eine Veränderung auf Ihrer Haut? Wie reagiert Ihre Haut, wenn sie das Wasser kälter regulieren?

Tipp Nr. 4 - Die Fahrt zur Schule oder Arbeit

Runter vom Gas! Wieso hetzen Sie sich? Die meisten Unfälle passieren, weil der Mensch unachtsam ist. Wenn Sie ins Auto steigen, sollten Sie auf Ihr Gefühl achten. Dasselbe gilt auch für andere Verkehrsmittel. Wie riecht die Luft? Spüren Sie die Kleidung auf Ihrer Haut, wie fühlt sie sich an? Bleiben Sie gedanklich bei Ihrer Aktion, die Sie ausführen – Sie sind auf dem Weg zur Schule oder Arbeit. Welchen Einfluss hat die Umwelt auf Sie? Wie nehmen Sie das Wetter wahr?

Den ganzen Tag über werden wir mit zahlreichen Ereignissen überflutet. Da fällt es einem oft nicht leicht, sich zu entspannen und das Tempo zu entschleunigen. Erkennen Sie sich auch oft in

Situationen wieder, wo Sie drei Sachen gleichzeitig abhandeln? Während Sie telefonieren, möchte der Kollege eine Zwischeninfo von Ihnen haben, indem er zwei Ausdrucke vor Ihre Nase hält und obendrein sind Sie noch dabei, eine E-Mail fertig zu schreiben? Oder, wenn Sie Ihr Kind für den Kindergarten fertigmachen. Neben dem Herrichten des Frühstücks, meldet sich der Hund dazwischen, weil er Mal muss und dann das Kind, weil es im T-Shirt hängen geblieben ist.

Dabei ruhig und gelassen zu bleiben, beruht auf eine andauernde Auseinandersetzung mit seinem Ich, nämlich seiner Achtsamkeit – diese Situationen wahrzunehmen, aber nicht zu werten. Sie werden lernen, die richtigen Prioritäten zu setzen und eines nach dem anderen abzuhandeln.

Tipp Nr. 5 – Atmen Sie durch

In den vorherigen Einheiten habe Sie Ihre Aufmerksamkeit immer wieder auf Ihren Atem gerichtet. Dieser Tipp Nr. 5 konzentriert sich ganz speziell und ausschließlich auf Ihren Atem.

Atmen Sie jetzt tief ein und wieder aus. Versuchen Sie nicht, Ihren Atem zu verändern.

Spüren Sie, was sich alles in Ihrem Körper bewegt? Wie fühlt es sich an? Wenn Ihre Gedanken abschweifen, seien Sie nett zu sich und richten Ihre Aufmerksamkeit einfach wieder auf Ihren Atem. Von Mal zu Mal, wird Ihnen das besser gelingen. Eines Tages, werden Sie allgegenwärtig Ihren Atem wahrnehmen – ohne, dass Sie sich gezielt darauf aufmerksam machen müssen. Vor allem in extremen Stresssituationen, ist es ratsam, seine Achtsamkeit sofort auf seinen ruhigen und gleichbleibenden Atem zu lenken. Dadurch bleiben Sie bei sich!

Tipp Nr. 6 - Taktiles Empfinden

Erfühlen Sie Ihre Umgebung. Wie fühlt sich das Telefon an, wenn Sie es halten? Wie fühlt sich die Tastatur unter Ihren Fingern an, wenn Sie schreiben?

Dieselbe Aufmerksamkeit können Sie auf alle Gegenstände richten, die in Ihrer unmittelbaren Umgebung aufzufinden sind. Betrachten Sie Ihren Schreibtisch. Richten Sie Ihre Aufmerksamkeit auf die Computermaus, das Mauspad, den Kugelschreiber, den Locher, die Büroklammern, das Tesafilm, den Brieföffner, das Lineal, die Tasse oder das Glas und zahlreiche andere Gegenstände, die Sie berühren können.

Tipp Nr. 7 - Ihre Essgewohnheiten

Wenn Sie einen Apfel essen und dabei an zahlreiche andere Sachen denken, sind Sie nicht gegenwärtig beim Essen. Sie essen also nicht, sondern führen sich mechanisch einen Apfel zu. Dasselbe gilt auch für Ihre Trinkgewohnheiten.

Seien Sie ehrlich, wann haben Sie das letzte Mal bei einer Tasse Tee wirklich nur an diesen Tee gedacht? Wie riecht der Tee? Wie fühlt er sich im Mund an? Schmeckt er Ihnen? Versuchen Sie, Ihre Achtsamkeit drei Minuten auf Ihren Tee zu richten. Trinken Sie diesen Tee, weil er Ihnen so gut schmeckt, oder trinken Sie ihn, weil Sie ihn immer trinken?

Tipp Nr. 8 - Die Gehmeditation

Wie fühlt es sich an, wenn Sie langsam, Schritt für Schritt, vor die Tür – und an die frische Luft – gehen? Haben Sie Ihre Schuhe an, oder laufen Sie Barfuß? Spüren Sie, wie kräftig Sie sind? Erfahren Sie den Weg, den Sie gehen. Sagen Sie sich, dass Sie auf dem Weg nach draußen sind.

Die Kunst ist es, diesen Gedanken an Ihre Aktion aufrechtzuerhalten – ohne, dass Sie sich mechanisch immer wieder den Satz sagen hören. Nehmen Sie alles wahr, was mit Ihrer Aktion im Zusammenhang steht.

Wenn sich der Tag dem Ende neigt, lassen wir diesen gerne Revue passieren. Das ist auch gut so! Allerdings springen wir von einem Thema zum anderen und fühlen uns – nach wie vor – gestresst. Da kommen einen die Gedanken in den Sinn, wie der Kollege einen angesehen hat, wie der Kunde reagiert hat, die Bilder zahlreicher Ereignisse, die Sie im Nachhinein beschäftigen. Um den Kopf zur Ruhe kommen zu lassen und Ihren Geist zu entspannen, ist es wichtig, dass Sie sich die Zeit für sich nehmen und später die Gedanken bewusst im Innen abspielen lassen. Dass das Ganze natürlich wertungsfrei passieren muss, dürfte an dieser Stelle glasklar sein. Setzen Sie sich nicht unter Druck, die Übung macht den Meister.

Tipp Nr. 9 - Auszeiten einrichten

Gönnen Sie sich eine Pause von den digitalen Medien. Dazu zählen Ihr Smartphone, Ihr Fernseher, das Internet und auch das Radio. Wie wäre es, wenn Sie stattdessen Mandalas ausmalen? Mittlerweile gibt es zahlreiche Malbücher für Erwachsene, die einem behilflich sein können, die Gedanken ruhiger werden zu lassen und seine Aufmerksamkeit auf andere Dinge, wie auf seine Kreativität zu lenken. Alternativ können Sie auch ein Buch lesen, ein Tagebuch schreiben oder andere Dinge praktizieren, die Ihren Interessen entsprechen.

Tipp Nr. 10 – Ihre Reflektion

Wenn Sie abends auf dem Sofa liegen, oder direkt im Bett: An was denken Sie? Lassen Sie Ihre Gedanken einfach vorbeiziehen. Sie werden merken, dass sich Ihre Gedanken schnell ablösen. Der eine Gedanke, kann Sie sauer machen, der andere wiederrum kann Ihnen ein Lächeln ins Gesicht zaubern. Versuchen Sie, die Gedanken nicht festzuhalten, sondern einfach passieren zu lassen. Denken Sie nicht darüber nach, ob etwas richtig oder falsch war, sondern beobachten Sie lediglich. Sie sollen wahrnehmen, was im Hier und Jetzt passiert.

Tipp Nr. 11 - Das Zähneputzen am Abend

Nochmal zur Wiederholung: Seien Sie im Hier und Jetzt. Nehmen Sie bewusst wahr, dass Sie sich heute Abend Ihre Zähne putzen. Wie fühlt es sich an, wenn die Zahnbürste Ihre Zähne berührt? Wie schmeckt die Zahnpasta? Was bewirkt die Mundspülung, wenn Sie diese druckvoll durch Ihren Mundraum spülen? Wenn Sie in Ihren Gedanken nicht beim

Zähneputzen bleiben, werden Sie durch die Vergangenheit oder auch Zukunft beherrscht. In diesen Fällen sind Sie nicht gegenwärtig im Leben, sondern schweifen immer wieder von Ihrer Achtsamkeit ab.

Tipp Nr. 12 – Lauschen Sie der Stille

Der Stille zu lauschen, ist kein einfaches Unterfangen. Sie gilt fast schon als Königsdisziplin. Zu oft erwischen wir uns dabei, dass unsere Unruhe im Kopf fortfährt. Ihre ersten Bemühungen sollten sich darauf versteifen, sich immer wieder an Ihre Aufmerksamkeit zu erinnern, wenn Sie gedanklich abschweifen. Ihren Geist in Schach zu halten, bedarf einer regelrechten Konsequenz. Daher seien Sie bitte nicht demotiviert, wenn diese Übung nicht so richtig gelingen mag.

Bei allen Tipps müssen Sie sich darüber im Klaren sein, dass Sie das ausüben, was Sie ausüben. Wenn Sie atmen, atmen Sie. Wenn Sie gehen, gehen Sie. Wenn Sie liegen, dann liegen Sie. Wenn Sie nur beobachten, dann beobachten Sie nur – ganz ohne Wertung. Diese Tatsachen, können Sie auf alle Aktionen Ihres Lebens beziehen. Wir sollten uns unserer Aktionen bewusst sein. Unser Geist wird ständig abgelenkt und trübt unser Bewusstsein für das Gegenwärtige.

KAPITEL 6
DIE NEUESTEN ERKENNTNISSE AUS DER HIRNFORSCHUNG!

Achtsamkeit wird einem nicht unbedingt in die Wiege gelegt. Es ist ein Verhalten, dass wir uns aneignen. Im besonders schönen Fall haben unsere Eltern ein achtsames Leben vorgelebt. Doch, wenn dem so wäre, würden Sie diesen Ratgeber wohl nicht lesen, oder?

Wussten Sie, dass bereits wenige Achtsamkeitsübungen das Gehirn beziehungsweise die Nervenbahnen neu vernetzen? Nach wenigen Wochen, können Sie bereits eine Veränderung feststellen und haben deutlich mehr an Lebensqualität gewonnen.

Es wurde in der Neurobiologie festgestellt, dass sich das Gehirn durch Meditation verändert – und zwar in den Regionen, die durch entsprechende Beanspruchung in ihrer Größe zunehmen. Dafür ist das Hirnteil Hippocampus verantwortlich, welches im Temporallappen sitzt. Dieser ist für das Gedächtnis und die Stimulierung emotionaler Zustände verantwortlich. Dieser Teil des Gehirns erinnert in der Größe und Form an ein Seepferdchen.

Die Hirnforschung hat herausgefunden, dass eine wöchentliche Übung von ca. 30 Minuten ausreichend ist, um erste Veränderungen am Gehirn nachweisen zu können. Hätten Sie das gedacht?

Damals und Heute

Bis zur prähistorischen Zeit ist die Entwicklung der Hirnforschung zurückzuführen. Die antiken Griechen haben damals erstmals festgestellt, dass die kognitiven

Fähigkeiten aus dem Gehirn gesteuert werden. Ab der Renaissance Zeit wuchsen die Zahlen an Untersuchungen, Forschungen und Experimenten. Zu dieser Zeit hat man sich das Gehirn in seiner Struktur angesehen und daraus erste Schlüsse gezogen.

Seitdem es bildgebende Verfahren gibt, wie beispielsweise die Magnetresonanztomografie (kurz auch MRT oder Kernspintomographie genannt), sprießen die Forschungsgebiete wie Blumen auf einer Frühlingswiese. MRT-Bilder sind Schnittaufnahmen des Körpers, die durch magnetische Wechselwirkungen erzeugt werden. Im Übrigen funktioniert dieses medizinische Gerät ohne belastende Röntgenstrahlungen. Durch solche Aufnahmen können Erkrankungen der Organe festgestellt werden. Aber auch Veränderungen des Gehirns werden bildlich aufgenommen.

Was damals einfach, als „des Werk des Teufels“ galt, sind heute wissenschaftlich bewiesene Fakten.

Erkrankungen, die damals das Todesurteil bedeuteten, können heute gut behandelt werden. Mittlerweile gibt es auch präventive Maßnahmen, die einen schlimmen Krankheitsverlauf vorbeugen können.

Buddhistische Heilige und andere Vorantreiber

Ein Vorantreiber ist das Institut Mind and Life, welches es auf die Zusammenarbeit zwischen Wissenschaftler und religiösen Vertretern abgesehen hat. Diese Organisation hat ihren Sitz in Louisville, Colorado (USA) und ist im Übrigen nicht profitorientiert. Man möchte die Wirksamkeit der Meditation auf wissenschaftlicher Basis besser verstehen und für Andere zugänglich machen.
Der buddhistische Mönch Matthieu Ricard (*1946 in Frankreich), der selbst eine Karriere als Wissenschaftler vor sich hatte, entschied sich für das Mönchsleben im Himalaja. Er wurde in Amerika an der Waisman Center University of Wisconsin-Madsin einer langwidrigen Hirnforschung unterzogen. Das Interesse der Öffentlichkeit war groß.

Durch eine internationale Konferenz, die 2013 in Berlin stattfand und vom Mind and Life mit initiiert wurde, ist der Trend auch in Europa angekommen. Bei diesem Treffen ging es um die Ergebnisse, die durch die Hirnforschung an Ricard erzielt wurden. Da solche Konferenzen regelmäßig stattfinden, konnte eine enorm große Breitenwirkung erzielt werden. Nicht zuletzt auch durch den buddhistischen Heiligen Dalai Lama, der mit prominenten Hirnforschern kooperiert. Der Dalai Lama (*1935 in Osttibet), der den bürgerlichen Namen Lhamo Döndrub trägt, hat ein Buch über die Menschlichkeit geschrieben, dass an dieser Stelle durchaus empfehlenswert ist. Über seine Lehre kann man sein eigenes Wissen in Punkto Achtsamkeit vergrößern.

KAPITEL 7
DAS EGO-GEIST-PROBLEM

In einem Buch, das der Psychologe Robert E. Ornstein (*1942 in New York) geschrieben hat, erzählt er von einem selbstsüchtigen Ich, dem Ego. Er beschreibt es als ein Nabel des Ichs, welches die gesamte Gefühlswelt eines Menschen beeinflusst.

„…der Nabel des inneren Ich ist die Emotion. Dieses dominante „selbstsüchtige“ Gehirn befindet sich in den Verbindungen von Frontlappen und limbischem System, die Bedrohungen aus der Umwelt abschätzen und für schnelles Handeln sorgen. Der Mensch kann diese gewöhnliche Art der Verbindung außer Kraft setzen: Über Handlungen kann nachgedacht werden, wir können aus Erfahrungen lernen,

bewusste Kontrolle kann ineffiziente Tendenzen verändern. Doch am häufigsten und am zuverlässigsten, vor allem in früheren Zeitaltern, war es, sich allein auf sein Gefühl zu verlassen.“ (aus Ornstein, The Evolution of Consciousness. 1991, S. 153.)

Die Zusammenhänge und eine mögliche Selbstbestimmung

Yoga ist eine tolle Praxis, um sich auf das Wesentliche zu konzentrieren und dadurch mehr an Achtsamkeit zu erlangen. Wie bereits im Ratgeber beschrieben, können wir auf zahlreiche Praktiken und Tipps aus der Lehre des Buddhismus und Yogas ziehen.

Sangeet Singh Gill (*1973 in Hamburg), ein bekannter Yogi aus dem Raum Frankfurt am Main, beschreibt den Konflikt des zu Ernst nehmenden Egos als ein Ego-Geist-Problem.

In der Erzählung von Yoga gibt es keine Trennung zwischen Gut und Böse. Unser Kopf funktioniert aber so. Das Ganze ist mit den eigenen

Augenbewegungen vergleichbar. Gill erzählt in verschiedenen Sitzungen, aber auch in seinem Yoga Basistext „Meditation lernen, Basistext Nr. 22“:

„Die Augen müssen sich bewegen, um ein Bild erzeugen zu können. Wenn der entsprechende Muskel gelähmt ist, wird man blind. Genauso wie das Bild im Gehirn lediglich aus zweiter Hand erzeugt wird und nicht die Realität abbilden kann, erzeugen die Gedanken eine Identität des Ichs, die nicht der Realität entspricht. […] Es nutzt den Ego-Geist, als Vehikel (Mittel zum bestimmten Zweck), dieser ist ein Diener der Seele. Aber dieser Ego-Geist ist rebellisch. Er entwickelt eine eigene Dynamik. Er hält sich für den Herrscher, für die Quelle des Ichs. Das ist logisch, weil er in seiner Beschränktheit nicht in der Lage ist, das eigentliche Ich zu erkennen.“

Weiter merkt er an, dass der Ego-Geist auch teilweise verschwinden kann. Wenn dieser gegenwärtig aus dem Kopf verschwunden ist, glaubt er, dass nichts neben ihm existiert. Wenn die Gedanken zur Ruhe kommen, ist dieser Störenfried öfters weg:

„Du kannst den Geist reinigen, aber nicht beherrschen. Nicht die Meditation stoppt die Gedanken, sondern die Hingabe an deine Seele und die Hingabe der Seele an die Wahrheit. Die Gedanken stoppen allmählich und setzen Energien frei, welche nun für Veränderungsprozesse eingesetzt werden können."

Dieser Prozess der Selbstbestimmung, ist in drei Phasen aufgegliedert:

1. Zuerst sollten Sie das Chaos in Ihrem Kopf wahrnehmen. Dafür begeben Sie sich in eine aufrechte Haltung, etwa durch das Sitzen auf dem Boden.

2. Jetzt heißt es: Durchhalten. Dieser Schritt ist als Reinigungsphase bekannt. Alles, was jetzt auf Sie einströmt, sollte möglichst urteilsfrei wahrgenommen werden. Akzeptieren Sie, dass in Ihnen eventuell unangenehme Gefühle aufkommen, die sich durch Trauer oder Wut, aber auch durch Fröhlichkeit und dergleichen zeigen können. Das Ego sucht

einen Weg durch die Meditation, um diese zu umgehen. Das kann sich durch negative Gedanken, Unruhe und andere Ablenkungen zeigen.

3. Zum Schluss gelangen Sie in die sogenannte Synchronisationsphase, in der Ihre Bestimmung (das Resultat Ihres bisherigen Handelns) deutlich wird. Durch die angestrebte Selbstbestimmung, ist es wichtig, dass alle Eingebungen angenommen werden. Die vorherrschende Fremdbestimmung durch vergangene Erlebnisse, wie zum Beispiel die Projektionen anderer, wird nach und nach abgebaut. Gleichzeitig scheidet der Körper auch Gift- und Fremdstoffe aus.

Die Schritte helfen Ihnen, Ihre Probleme zu bereinigen, um ein entspanntes Leben zu führen.

KAPITEL 8
WEITERFÜHRENDES

Wenn Sie sich noch intensiver (als mit diesem Buch) mit dem Thema Achtsamkeit auseinander setzen möchten, dann kann ich Ihnen folgende Trainings und Kurse empfehlen. Ich zeigen Ihnen hier Kurse auf, die mir sehr viel Freude bereitet haben und mich dabei unterstützt haben, noch mehr über die Themen Achtsamkeit und Entspannung zu lernen.

MBSR Training (Stressreduktion)

MBSR steht für "Mindfulness-Based Stress Reduction", was übersetzt „Achtsamkeitsbasierende Stressreduktion" bedeutet. Dieses Programm wurde in den späten 1970er Jahren in den USA, von dem Molekularbiologen Jon Kabat-Zinn (*1944 in New-York), entwickelt. Dabei geht es u. a. um die Erweiterung der Achtsamkeit.

Die Übungselemente umfassen Meditationsarbeiten, wie Zazen (Sitzmeditation) und Kinhin (Gehmeditation). Zu Beginn jeden Kurses, wird vorerst ein so genannter „Body-Scan" vollzogen, der Sie bereits auf die eigene Körperwahrnehmung einstimmen soll. Auch andere Achtsamkeitsübungen, wie es beispielsweise das dreiminütige „Breathing-Space" (auf deutsch „Atempause") darstellt, werden angewendet und einstudiert.

Ziel dieses Kurses: Den Stress zu reduzieren und mehr an Achtsamkeit zu erlangen. Sie sollen auf den Alltag vorbereitet werden und nicht mehr in Hektik verfallen.

PME / PMR / PR Training (progressive Muskelentspannung)

Die oben genannten Abkürzungen stehen alle für die progressive Muskelentspannung, manchmal auch progressive Muskelrelaxation oder nur progressive Relaxation genannt. Progressiv bedeutet „stufenweise sich steigernd“. Nach Edmund Jacobsen (*1888 in Chicago), einem US-amerikanischem Arzt, handelt es sich dabei um eine Tiefenmuskelentspannung. Diese Methode gibt es seit den Neunzigern. Bereits 1994 wurde eine Metastudie (systematische Übersichtsarbeit) mit über 1500 publizierten Studien veröffentlicht. Darin wurde diese Methode als Therapieverfahren ausgewertet. Vor allem bei Angstzuständen und Verspannungen, hat sich die Wirksamkeit gut belegen lassen.

In einer Verhaltenstherapie eingesetzt, geht es regulär um das extreme Anspannen einzelner Muskelgruppen und das anschließende Lösen.

Ziel dieses Kurses: Diese aufeinander aufbauenden Übungen sollen der Auflösung dauerhafter Anspannungen dienen.

Autogenes Training (Entspannungsverfahren)

Johannes Heinrich Schultz (*1884 in Göttingen), war ein Psychiater aus Berlin und hat dieses Entspannungsverfahren 1926 vorgestellt. Darüber hinaus hat er auch ein Buch darüber veröffentlicht, dass Interessierten heute noch, als „Fibel", dient.

Diese Autosuggestionsmethode ist eine Selbstbeeinflussung. Durch Gedanken bzw. Vorstellungen können wir bestimmte Zustände wahrnehmen und den Alltag ausblenden. Das Training umfasst unter anderem Wärmeübungen. Dabei sollen Sie sich einen warmen Körper vorstellen. Diese Vorstellungskraft wird Ihre Durchblutung fördern. Das Resultat ist, dass Sie Ihren Körper spürbar wärmer wahrnehmen. Sie haben also selbstbestimmt, dass Ihr Körper warm ist.

Dadurch haben Sie diesen Zustand herbeigeführt. Eine andere Übung ist, sich seine Hand als besonders kalt vorstellen. Dabei konzentrieren Sie sich auf den Gedanken „*Meine Hand ist kalt*".

Ziel dieses Kurses: Durch die Regelmäßigkeit solcher Übungen können Sie Ihre Selbstkontrolle erproben und wahren. Sie erlangen mehr Gelassenheit. Des Weiteren können Ihre gesundheitlichen Beschwerden, die auf Stress zurückzuführen sind, reduzieren.

KAPITEL 9
SCHLUSSWORT

An dieser Stelle bleibt nicht mehr viel zu sagen. Die wichtigsten Basics, habe ich Ihnen mit auf dem Weg gegeben. Sie sind zu einem kleinen Experten auf diesem Gebiet geworden und können ab sofort mit Anderen darüber in den Dialog treten. Sie haben gelernt, wie Sie mithilfe von einfach anzuwendenden Tipps und Übungen Ihre eigene Achtsamkeit trainieren und sich so von Stress und Belastungen befreien können. Ich hoffe sehr, dass meine Wünsche und Zeilen, welche an Sie gerichtet sind, angekommen und verinnerlicht sind.

Ich wünsche Ihnen viel Erfolg auf Ihrem Weg zu mehr Achtsamkeit, Ruhe, Entspannung und Frieden.

HeluHelu Publishing

RECHTLICHES UND IMPRESSUM

Die Inhalte dieses Buches wurden anhand von anerkannten Quellen recherchiert und mit hoher Sorgfalt geprüft. Der Autor übernimmt dennoch keinerlei Gewähr für die Aktualität, Richtigkeit und Vollständigkeit der bereitgestellten Informationen. Haftungsansprüche gegen den Autor, welche sich auf Schäden gesundheitlicher, materieller oder ideeller Art beziehen, die durch die Nutzung oder Nichtnutzung der dargebotenen Informationen bzw. durch die Nutzung fehlerhafter und unvollständiger Informationen verursacht wurden, sind grundsätzlich ausgeschlossen, sofern seitens des Autors kein nachweislich vorsätzliches oder grob fahrlässiges Verschulden vorliegt. Dieses Buch ist kein Ersatz für medizinische und professionelle Beratung und Betreuung.

1. Auflage

DiGi Generation GbR
Rodensteinstr. 22
64625 Bensheim

Vertretung: Dr. Özgür Dagdelen, Torben Gebbert

E-Mail: hallo@digigeneration.de

47278007R00049

Printed in Poland
by Amazon Fulfillment
Poland Sp. z o.o., Wrocław